Roger Rössing
Patrizia Balocco

REISE DURCH

KENIA

STÜRTZ VERLAG WÜRZBURG

INHALT

Links *In den Gesichtszügen dieser Malindi-Frau fließen Elemente aus arabischen, somalischen , äthiopischen und schwarzafrikanischen Völkern zusammen.*

Rechts *Die Kraft und Wendigkeit der hochgewachsenen Massaikrieger finden ihren Ausdruck besonders im Tanz: Mit geschlossenen Füßen springen sie in unglaubliche Höhen. Sie fliegen »Nkai« (Gott)*

S. 2/3 *Der Elefant ist mehr noch als der Löwe ein Symbol Afrikas. Er verkörpert Größe, Kraft, eigenwillige Schönheit sowie den Widerstand gegen härteste Lebensumstände.*

S. 4/5 *Beim Anblick der anmutigen Pelikane und Zwergflamingos mit ihrem tiefrosa Gefieder vermutet man kaum, daß sie in der Lage sind, in einem der extremsten Gebiete dieser Erde zu überleben, den alkalischen Seen des Rift Valley.*

S. 6/7 *Die Tiere der Wildnis teilen sich die Hochebenen der Steppe mit den Massai und deren Buckelochsen. Die Massai (»jener Stamm, der die Sprache Maa spricht«) ernähren sich ausschließlich von ihren Rindern.*

SUDAN
Rudolfsee (Turkana)
Murua Ngithigerr
Moroto
Kulal
Ng'iro
UGANDA
Cherangany
KITALE
ELDORET
RIFT VALLEY
KISUMU
NAKURU
Aberda
NYANZA
Mau
NAIVASI
Viktoriasee
NAIROBI
Subugu
MASAI MA
TANSANIA

ÄTHIOPIEN
MOYALE
MARSABIT
WAJIR
SOMALIA
raguess
Ewaso Ng'iro
ISIOLO
MERU
Kenya
GARISSA
ERI
Tana
Athi
NZA
WITU
LAMU
KIPINI
INDISCHER OZEAN
Galana
Kilimanjaro
VOI
MALINDI
MOMBASA

VERLOCKUNG KENIA

Heiße Sonne liegt auf der weiten Savanne. Ein Geier zieht seine Kreise am dunkelblauen Himmel, in der Ferne kreischt eine Hyäne. Eine Riesenherde von Gnus wirbelt eine hohe Staubwolke auf. Affenbrotbäume, hier Baobabs geheißen, greifen über den Horizont. Oder im lianenverhangenen Regenwald: Die Luft scheint zu stehen. Nebelschleier wehen über dem Urwald, und man meint jeden Augenblick, dem zeternden Tarzan zu begegnen, der sich von Baum zu Baum schwingt. Afrika, der für uns Europäer zugleich geheimnisvolle, exotische und lockende Kontinent, zeigt hier vielleicht seine schönsten Seiten.

Die Republik Kenia, im Osten Afrikas am Indischen Ozean gelegen, hat fast die doppelte Flächenausdehnung Japans, ihre Bevölkerung zählt aber nur etwa ein Viertel der Bundesrepublik Deutschland. Das Land grenzt an zwei Naturdenkmale, die weltweit als Superlative gelten. Im Westen durchschneidet seine Grenze den Victoriasee, der mit 66500 Quadratkilometern der zweitgrößte Süßwassersee der Erde ist; im Süden reicht es an den Fuß des höchsten afrikanischen Berges heran, des 5895 Meter hohen, schneebedeckten Kilimandscharo, der Ernest Hemingway zu einer seiner schönsten Erzählungen anregte.

LAND DER GEGENSÄTZE

Kenia gehört zu den Ländern der Widersprüche. Hier haben sich die afrikanischen Urelemente mit der europäischen Kultur der Kolonisatoren (Großbritannien und Deutschland) sowie mit arabischem und asiatischem Wesen vermischt; eine ungewöhnliche Religionen-Vielfalt ist zu beobachten, und relativ problemlos leben Muslime, Christen, Hindus und Sikhs mit den Gläubigen der alten Naturreligionen zusammen. Auch sozial und ethnisch herrschen die krassesten Kontraste: Neben den Nobelhotels für zahlungskräftige Gäste findet man Analphabeten; neben modernsten Bewässerungssystemen gibt es die Massaikrieger, die nicht von ihren überkommenen Sitten und Gebräuchen lassen und beinahe noch so leben wie ihre Vorfahren. Gemessen an anderen afrikanischen Staaten mutet Kenia fortschrittlich an, doch die Spuren der Kolonialzeit sind allenthalben unübersehbar: Arbeitslosigkeit, Dürre sowie ein mörderischer Bevölkerungszuwachs.

Selbst die Natur liebt hier die Kontraste. An den fruchtbaren Küstenstreifen mit seinen Mangobäumen, Kokospalmen und der tropischen Blumenpracht schließt sich fast nahtlos das Trockengebiet an. Im Norden des Landes fegen heiße Stürme über Wüstenregionen, die »White Highlands«

Die »Grünen Hügel Afrikas«, die Chyulu Berge, sind vulkanischen Ursprungs. In der Ebene erstrecken sich rosafarbene Salzseen, und an klaren Tagen kann man bis Amboseli blicken.

am Ostafrikanischen Graben dagegen gehören zu den ertragreichen Distrikten, in denen Kaffee, Tee und Gemüse üppig gedeihen. Und kann man sich etwas Gegensätzlicheres denken als den Mount Kenya, der sich, direkt auf dem Äquator gelegen, mit einer Kappe aus ewigem Eis schmückt?

AN DER WIEGE DER MENSCHHEIT

Kenia beherbergt ein Symbol kontinentübergreifenden Ausmaßes. Wer hierherkommt, befindet sich vermutlich an der »Wiege der Menschheit«, denn in der Gegend des Turkana-Sees am Rift Valley fanden Paläontologen Reste aller Entwicklungsstufen des Menschen aus prähistorischer Zeit, vom Urmenschen bis zum »homo sapiens«. Der »Kenyapithecus«, der nicht größer als 1,20 bis 1,40 Meter war, gilt den Forschern als Repräsentant des bedeutsamen Tier-Mensch-Übergangsfeldes, das im oberen Pliozän entstand, vor mehr als drei Millionen Jahren. So ist hier ein Glied der naturwissenschaftlichen Beweiskette zu finden, die Zeugnis dafür ablegt, daß die Legende von Adam und Eva nichts anderes ist als ein kluges Menschheitsgleichnis...

ZUERST KAMEN DIE ARABER

Nicht nur Kenias Landschaft ist wechselvoll und voller interessanter Kontraste, seine historische Vergangenheit ist es ebenfalls. Schon im 8. Jahrhundert wurden die afrikanischen Ureinwohner mit fremden Völkern konfrontiert. Die Araber waren die ersten. Sie kamen, um Handel zu treiben. Viele von ihnen blieben, weil in ihren Heimatländern, etwa in Syrien oder in Persien, Unruhen die Gesellschaft erschütterten. Sie gründeten zusammen mit den einheimischen Afrikanern Familien und erbauten Städte. Kenias älteste Stadt, Mombasa, die schon im Jahre 150 von Ptolemäus erwähnt worden ist, wurde ausgebaut, und auf diese Epoche gehen auch die moslemischen Sakralbauten zurück, denn die Einwanderer waren zum großen Teil Mohammedaner. Als dann die europäischen Forschungsreisenden ihren Fuß auf kenianisches Land setzten, stießen sie auf prächtige Städte von hoher Kultur, mit vielen Moscheen und steinernen Häusern. Es waren zunächst Portugiesen. Vasco da Gama landete als erster Europäer im Jahr 1498 in Malindi. Er fand eine gut entwickelte Bautechnologie vor. Unter anderem wurden Korallenblöcke für Mauern verwendet. In den Küstenstädten stellte man schöne keramische Gebrauchsgegenstände her, und sogar eine Eisenhütte

Eine Gepardenfamilie ruht auf einem Termitenhügel im Nationalpark Massai Mara. Diese Großkatzen sind Jäger des offenen Geländes: Sie ziehen die Jagd in rasantem Sprint (die Tiere erreichen eine Geschwindigkeit bis zu 120 Stundenkilometer) dem Überfall aus dem Hinterhalt vor. Daher sieht man sie auch oft auf erhöhten Plätzen, von denen aus sie ihre Beute sichten können.

gab es. Die Informationen, die die Forschungsreisenden mit nach Hause brachten, weckten natürlich Begehrlichkeit. So begann die erste Unterwerfung und Ausbeutung: 1505 landete Francisco d'Almeida mit seiner Flotte nahe der Hauptstadt Mombasa und richtete ein schreckliches Blutbad unter den Bürgern an. Fortan kam es für fast zwei Jahrhunderte zu einer Vorherrschaft der Portugiesen, die nicht nur die Reichtümer plünderten, sondern auch den Handel kontrollierten und die Eingeborenen tyrannisierten. Erst 1696 wurde ein Bündnis zwischen den aufgebrachten Einwohnern und dem Sultan von Oman besiegelt, so daß die Portugiesen vertrieben werden konnten. Doch auch die arabischen Verbündeten wurden bald schon zu Unterdrükkern, fast hemmungsloser noch als die vorangegangenen.

UNTER DEN ENGLISCHEN KOLONIALHERREN

Am Ende des 19. Jahrhunderts begann die Okkupation durch Britannien, zunächst durch eine Art Protektoratsverwaltung, später durch die Imperial British East African Company, bis schließlich Kenia zur britischen Kronkolonie avancierte.

Unter englischer Vorherrschaft geschah in Kenia manches, was man damals vielleicht für fortschrittlich halten konnte, zum Beispiel der Bau der Eisenbahn, »Kenya-Uganda-Railways« genannt. Sie erreichte von Mombasa aus 1899 die neu gegründete Stadt Nairobi, 1901 Kisumu am Victoriasee. Britische Siedler okkupierten das fruchtbare Hochland, die Afrikaner wurden in Reservate abgedrängt, 40000 Quadratkilometer Land nahm man ihnen einfach weg. Zum Bau der Eisenbahn, die zum Teil durch unwegsames Gelände führte, holte man über 30000 Arbeiter ins Land, zum größten Teil Kulis aus Indien. Viele Siedler kamen, meist Briten, aber auch andere Europäer. Die einheimische Bevölkerung wurde gnadenlos gepeinigt und als Untermenschen behandelt. Die Afrikaner mußten stets eine Kennmarke, genannt »Kipande«, bei sich haben. Viele von ihnen waren gezwungen, ihre Arbeitskraft billig auf den Farmen der Eindringlinge zu verkaufen. Im Jahre 1920 erhielt das Land seinen jetzigen Namen (Kenya), und statt Mombasa wurde nun Nairobi zur Hauptstadt erhoben. Aber für die Afrikaner verschlechterten sich die Lebensbedingungen weiter.

In den N'doto-Bergen im Norden Kenias verbirgt sich eines der abgelegensten und geheimnisvollsten Gebiete des Landes, das bislang von Touristenströmen noch verschont geblieben ist. In den Schluchten und Tälern lebt ein großer Teil der letzten Ndorobo, jenem Stamm von Jägern und Sammlern, der einst ganz Kenia und Tansania beherrschte, bevor die Bantu und Niloten eindrangen. Die Ndorobo jagen mit Pfeil und Bogen und vergiften die Pfeilspitzen mit dem Extrakt der Strophantuspflanze.

Links *Löwinnen gehen sehr liebevoll mit ihren Jungen um, solange es nicht ums Fressen geht – da denkt jeder an sich. Löwenjunge haben die höchste Sterberate, sie übersteigt 50 Prozent. Ursache dafür sind vor allem Krankheiten und Unfälle. Häufig fressen auch die Löwenmännchen die Jungen, sobald ein fremdes Männchen zu dem Rudel stößt und die Stellung des zeugungsfähigen Löwenpaars im Rudel der Weibchen bedroht. Dies klingt grausam, doch da Löwen keine natürlichen Feinde haben, würde eine stärkere Vermehrung das Gleichgewicht zwischen Jäger und Beute zerstören, so daß beide nicht überleben könnten.*

S. 20/21 *Junge Massaifrauen sind berühmt für ihren aufwendigen und phantasievollen Perlenschmuck. Früher waren die Perlen aus Glas, heute leider aus Plaste. Die Perlen und Ketten haben für die Massai einen hohen Wert und werden von den Müttern an die Töchter weitergegeben. Die jungen Krieger schenken sie bei ihrer Verlobung der Dame ihres Herzens. Sowohl Männern als auch Frauen werden schon im Kindesalter die Ohren durchstochen. Die Löcher werden immer mehr erweitert, bis schließlich sogar eine Coladose hineinpaßt.*
S. 22/23 *Im Süden von Mombasa erstreckt sich die Küste Kenias bis zum Korallenriff des Indischen Ozeans. Diani Beach heißt das klassische »Tropenparadies« mit seinem weißen Sand und den mächtigen Kokospalmen. Ebenso wie die Wildtiere in den Nationalparks ist diese Küste zu einem wichtigen Wirtschaftsstandort des Landes geworden.*
S. 24/25 *Der Naivasha-See, ca. 70 Kilometer nördlich von Nairobi gelegen, ist der einzige See im Rift Valley, dessen Wasser nicht alkalisch ist. Seine Ufer sind daher ein einzigartiges Pflanzenparadies. Nicht weit von hier verläuft (nördlich) der Äquator.*
S. 26/27 *Der Kilimandscharo, mit 5895 Meter Gipfelhöhe der höchste Berg Afrikas, ist ein riesiger erloschener Vulkan, der vor fünf Millionen Jahren an der Grenze zwischen Tansania und Kenia entstand. Seine von gewaltigen Gletschern überzogenen Gipfel überragen die südliche Savanne Kenias.*

AUF DEM WEGE ZU EINEM FREIEN KENIA

Die Absicht, ein von Weißen beherrschtes Kenia zu schaffen, wie das in Südafrika für lange Zeit gelang, scheiterte hier. 1922 rief Jomo Kenyatta die Kikuyu Central Association gegen europäischen Landraub ins Leben. Aber die Zeit war noch nicht reif für eine Selbstbefreiung. Kenyatta wurde eingekerkert und später nach England gebracht, die Organisation verboten. Erst in den dreißiger Jahren unseres Jahrhunderts gab es erste Guerillakämpfe gegen die Kolonialmacht, die als »Mau-Mau-Aufstand« diffamiert wurden. Kenyatta war zurückgekehrt. Blutige Auseinandersetzungen waren an der Tagesordnung, bei denen nach neueren Forschungen über 10000 Afrikaner und 95 Europäer ums Leben kamen. 1956 erst wurde der Krieg durch die Diplomatie abgelöst: Verhandlungen begannen, die am 12. Dezember 1963 mit der Unabhängigkeit Kenias endeten. Kenyatta wurde Präsident und blieb es bis zu seinem Tode im Jahr 1978. Eine deprimierende Epoche war zu Ende, eine komplizierte begann. Nicht nur die Umverteilung der Siedlungsgebiete und die Entfernung der Europäer aus den Schlüsselpositionen von Wirtschaft und Politik stieß allenthalben auf Widerstand; auch die Aufgabe, viele Völker in einen einheitlichen Staat zu integrieren, erwies sich als schwierig. Trotz aller neuen Probleme, in die das Land durch die ersehnte Unabhängigkeit geraten war, konnte es sich zu einem der stabilsten und florierendsten Länder des afrikanischen Kontinents entwickeln.

AN DER KÜSTE

Die Küstenregion wird durch die alte Hauptstadt Mombasa gekrönt, ein Gemeinwesen, das an die 2000 Jahre alt ist. Die Stadt zeichnet sich nicht nur durch ihre Schönheit, sondern auch durch ihre Lage aus; sie bedeckt eine große Koralleninsel in einer Meeresbucht und ist durch einen Damm mit dem Festland verbunden. Ein vorgelagertes System von Klippen schützt die Insel und ließ einen natürlichen Hafen entstehen. Hier konnte sich eine mächtige Stadt entwickeln (im 16. Jahrhundert lebten hier schon 10000 Einwohner), die aber auch stets das Objekt der Begierde von Fremden war. Obwohl sie starke Befestigungen hatte (das »Fort Jesus«, von den Portugiesen gebaut, ist zur Touristenattraktion geworden), mußte sie immer wieder Beutezüge über sich ergehen lassen. Heute besteht Mombasa aus einem mittelalterlichen Kern mit romantischen Gassen und einem reichen Markt sowie einem Neustadtbereich voller Hochhäuser. Zwischen beiden Extremen findet man Kirchen aus der Zeit der christlichen Missionare, Tempel fernöstlicher Religionen und Moscheen.

Die Küste Kenias ist 480 Kilometer lang und grenzt im Norden an Somalia, im Süden an Tansania. Mit ihren Sandstränden und den malerischen Palmen ist sie ein Tummelplatz für sonnenhungrige und badefreudige Feriengäste aus aller Herren Länder. Es wimmelt von Strandhotels aller Kategorien. Besonders beliebte Sportarten sind hier neben dem Schwimmen und Surfen, vor allem der Tauchsport (klares Wasser – faszinierendes Unterwasserleben!) sowie das Hochseefischen. Ernest Hemingway, der in Malindi öfter dieser Leidenschaft frönte, hat hier die Anregungen für sein Buch „Der alte Mann und das Meer“ gesammelt.

IM ZENTRALEN HOCHLAND

Das zentrale Hochland, »White Highlands« genannt, weil in der Kolonialzeit ausschließlich Weiße hier Agrarwirtschaft betrieben, gehört zu den ertragreichsten Regionen des Landes. Das Landschaftsbild wird hier in starkem Maße durch Plantagen bestimmt, die inzwischen vorwiegend von Afrikanern bewirtschaftet werden.

Am Südzipfel des Hochlands liegt die Hauptstadt Nairobi mit ihren über zwei Millionen Einwohnern. Wie atemberaubend sich diese Stadt veränderte, wird klar, wenn man sich bewußt macht, daß Nairobi noch um 1900 eine verlorene Bahnstation inmitten von Ödland war! Der Name entstammt der Massai-Sprache und bedeutet »Ort des kalten Wassers«, denn hier tritt das Flüßchen Ngare Nairobe in die Ebene. Heute ist Nairobi die größte afrikanische Stadt zwischen Kairo und Johannisburg, Touristen besuchen scharenweise die interessanten Museen (National- und Eisenbahnmuseum), den Schlangenpark, die Märkte, Kirchen, Moscheen. Für die meisten ist der Jomo-Kenyatta-Airport der erste Eindruck von der imponierenden Hauptstadt.

ZUM VICTORIASEE

Im Westen des Landes geht es weniger lebhaft zu als in allen anderen Regionen. Es sind die menschenleeren Wälder und Berglandschaften, es ist vor allem der Victoriasee, welche die Naturfreunde anziehen. Der englische Forscher John Speke entdeckte am 21. 7. 1862 den Abfluß des Victoriasees und beschrieb seine ersten Eindrücke so: *»Ein wunderbarer 600–700 Meter breiter Strom, hier und da von Riffen und kleinen Inseln geziert, letztere mit Fischerhütten bestanden, erstere von Seeschwalben bevölkert; ein paar Krokodile wärmten sich im Sonnenschein; andere liefen über hohe, mit dichtem Gras bewachsene Uferböschungen, hinter denen wir zahlreiche Antilopenherden unter wunderschönen Bäumen sehen konnten, während Nilpferde im Wasser schnaubten und zu unseren Füßen fortwährend Trappen und Perlhühner aufflogen.«* Seinen Namen hat dieses Binnenmeer von eben diesem Forschungsreisenden erhalten, der es gewaltig genug fand, ihm den Namen seiner Königin zu geben.

Die Grenze Kenias geht mitten durch den riesigen See hindurch. Der Stamm, der seine Ufer bewohnt, die Luo, sind geübte Schiffbauer und Fischer, und es ist immer wieder ein besonderes Erlebnis, ihnen bei der Arbeit zuzusehen. Für Tierfreunde ist der nach Osten ins Land hineinragende Winum-Golf interessant: Er beherbergt Tausende und Abertausende von Flamingos.

DIE FASZINATION DER NATIONALPARKS

Stellvertretend für die anderen soll hier der »Nationalpark Masai Mara« etwas näher beschrieben werden, der unmittelbar an die »Serengeti« Tansanias angrenzt. Daß hier große Artenvielfalt vorherrscht und neben selten gewordenen Tieren auch eine Fülle von Pflanzenarten leben, ist dem Umstand zu danken, daß es sich um altes Massai-Land handelt, in dem kein Raubbau zu fürchten war. Riesenherden von Gnus, Gazellen, Zebras und Impala-Antilopen bevölkern das geräumige Schutzgebiet; Löwen, Leoparden und Elefanten gibt es hier in großer Zahl. Viele Menschen werden sich an die majestätischen Naturaufnahmen in dem Film »Jenseits von Afrika« erinnern: Sie wurden in der »Masai Mara Game Reserve« gedreht. Größter unter den Nationalparks ist jener mit Namen Tsavo, der seit 1948 besteht und eine Fläche von 21 000 Quadratkilometern umfaßt. Es leben hier etwa 50 Säugetier- und mehrere hundert Vogelarten!

Am beeindruckendsten sind wohl die großen Wildtiere, die Elefanten, Giraffen, Nashörner und Büffel. Was bei den eher häufig vorkommenden Tieren wie Flamingos oder Gnus verblüfft, sind die riesigen Gruppen, in denen sie stellenweise auftreten. Seltene Tiere wie den Kudu, die Dikdik-Antilope, die nicht viel größer als ein Hase wird, oder den Gerenuk (auch Giraffengazelle genannt) wird man mühsam suchen müssen. Sie sind scheu und leben versteckt.

KLEINE BEVÖLKERUNGSKUNDE

Die Grenzen der afrikanischen Staaten auf den Landkarten sind wie mit dem Lineal gezogen. So künstlich, so willkürlich wie sie aussehen, sind sie auch: Ergebnisse der Verteilung von Macht unter Kolonialmächten. Damit ist es zu erklären, daß durch sie nicht nur Ländereien, sondern auch Völker und Stämme getrennt, ja zerrissen wurden. So leben in Kenia viele afrikanische Stämme zusammen, die auch in den Nachbarländern ihre Heimat haben. Dazu kommen die Einwanderer sowie die Kinder aus Verbindungen zwischen Fremden und Ansässigen. Der größte Bevölkerungsanteil, nämlich mehr als die Hälfte, besteht aus Angehörigen des Stammes Bantu, der in der Nähe zur tansanischen Grenze und an der Küste lebt. Im nördlichen und östlichen Landesteil trifft man die Nachkommen der Kuschiten (Somali, Galla, Rendille und Boni). Das Herz Kenias wird von einer Untergruppe der Bantu, den Kikuyu, bewohnt, denen man eine besondere Begabung für Organisation nachsagt. Viele wichtige Stellen der Regierung in Nairobi sind mit Kukuyu besetzt. Der Stamm der Luo ist am Victoriasee zu Hause. Dieses fleißige und geschickte Volk bestand ehemals aus Nomaden. Heute gehört es zu den bestausgebildeten des Landes, denn in seinem Siedlungsgebiet Westkenia waren die christlichen Missionare mit zahlreichen Schulen aktiv geworden. Die bei Touristen populärste Volksgruppe sind die Massai, früher ein nomadisierendes Kriegervolk, das sich im Umfeld des Turkanasees aufhielt.

DIE ERBEN EDENS

Oben *Ein El Molo-Fischer lenkt seinen Einbaum aus Palmenstämmen auf den Wassern des Turkana-Sees. Die El Molo sind ein kleiner Stamm, der vom Fischfang lebt und seit Anfang der siebziger Jahre vom Aussterben bedroht ist: Damals zählte er nicht einmal mehr neunzig Angehörige. Heute teilen sich etwa 500 El Molo und 30 000 Krokodile das rauhe Leben am Turkanasee.*

Unten *Ein Turkana-Mädchen müht sich, ihren Lastesel durch die steinige Steppe zu bewegen, welche den gleichnamigen See umgibt. Die Turkana-Hirten nennen wenige Kühe und viele Ziegen ihr eigen. Sie sind Meister darin, auch die kleinste Nahrungsquelle auszuschöpfen und so ihre schwierige Existenz zu sichern.*

Rechts *Turkana-Kinder bemalen sich mit rotem Ocker und fetten sich mit Ziegenfett ein. Denn dies ist schön und schützt zugleich gegen Sonne, Wind und Insekten. Das Durchstechen der Ohrläppchen ist Brauch, und auch in die Unterlippe werden von zartestem Kindesalter an kleine Schmuckstücke eingefaßt. Die Zöpfe auf dem weitgehend kahlrasierten Schopf sind ebenfalls mit Ocker eingefettet und werden zusätzlich mit einer Straußenfeder geschmückt. Die Perlenketten der Turkana sind weniger aufwendig im Vergleich zu denen der Massai, dienen aber gleichwohl zur Verschönerung und als Statussymbol.*

Wasser, kostbare Lebensquelle

Links *Regen fällt in der Savanne nur selten, daher sind die Flüsse ständig am Rande des Austrocknens: Der Mara im gleichnamigen Nationalpark an der Grenze zu Tansania ist einer davon. Die zahllosen Windungen und Krümmungen seines Bettes münden in kleine halbmondförmige Seen.*
Rechts *Die Samburu sind direkte Verwandte der Massai. Anfang des Jahrhunderts waren die Samburu noch ein echter Massai-Clan mit der Stammessprache Maa. In Folge der durch Umweltfaktoren und britischer Kolonisierung herbeigeführten geographischen Isolation brach der Kontakt zwischen den Samburu und den Massai ab. Die Samburu bewahren die traditionelle Kultur in ihrer ursprünglichsten Form.*

Unten *Die Savanne hält öfter Überraschungen bereit, als man vielleicht glaubt: Im Nordosten von Mombasa sprudeln plötzlich zwischen Akazienbäumen die Mzima Springs, natürliche Quellen, in denen Nilpferd und Krokodil überlebt haben. Heute kann man diese Tiere von einem eigens dafür angebrachten Unterwasser-Beobachtungsstand aus bewundern. Eine einzigartige Welt tut sich auf: Wann sonst hat man schon die Gelegenheit, einem Nilpferd zuzusehen, wie es den Grund eines Wasserlaufs abweidet!*

Rechts *Junge Massai-Krieger haben ein ausgeprägtes Schönheitsideal, das im Widerspruch zu dem harten Leben zu stehen scheint, das sie führen müssen. Sie bringen Stunden damit zu, sich zu frisieren und die Farben der Bemalung sowie den Schmuck auszuwählen. Bevor die Europäer nach Afrika kamen und Spiegel mitbrachten, schminkten sich die Moran (Krieger) gegenseitig und stärkten so die Bande zwischen den Altersklassen. Heute schmücken sich die Moran nur noch, um vor Touristen zu tanzen. Dafür verlassen sie sogar ihre Heimat in der Savanne und kommen an Touristenorte wie die Malindiküste.*

S. 34/35 *Der Ewaso Nyro erhebt sich über den Ebenen des Naturreservats von Shaba in der Gegend um Isiolo. Das weite Gebiet ist außerordentlich trocken und daher von jeher nahezu unbewohnt. Auch die Touristen kommen nur für einen kurzen Trip.*

Der Nationalpark Massai Mara

In den Ebenen von Massai Mara, einem Nationalpark an der Grenze zu Tansania, zeigt die Savanne ihr wahres Gesicht: Wogende Langgrassteppe, soweit das Auge reicht, nur gelegentlich sieht man einen einzelnen Baum (rechts). Regen fällt hier unten selten, und nur Gott weiß wann.

Aber wenn es regnet, gleichen die Niederschläge einer Sintflut. März und April sind die feuchtesten Monate, heftige Sturmgewitter können das Land jedoch jederzeit überraschen. Kaum hat sich das Unwetter verzogen, brennt die Sonne wieder unerbittlich auf die Savanne nieder.

Massai und Samburu, Dialekte der Einheimischen

Rot, die Farbe des Bluts, ist die Lieblingsfarbe der jungen Samburu. Auch diese Hirten lassen ihre Tiere zur Ader und trinken das Blut: Auf diese Weise führen sie sich hochwertige Proteine zu, ohne die Tiere töten zu müssen. Fleisch essen die Samburu nur bei festlichen Gelegenheiten, man schlachtet nicht sein »Kapital«. Die jungen Männer (links) tragen noch die traditionelle Bewaffnung – eine lange Lanze, deren Klinge in einer Scheide aus Leder steckt, um friedliche Absicht zu signalisieren. Die jungen Frauen (rechts) hingegen haben den ursprünglichen Rock aus weichem Ziegenleder, den sie mit Ocker färbten und mit Perlen schmückten, gegen gewöhnlichere rote Stoffe eingetauscht, die sie auf dem Markt für wenig Geld erstehen. Auch die Brüste, einst nur mit Perlen bedeckt und geschmückt, bedekken sie heute mit Stoff.

Die Massai-Krieger verwenden viel Zeit für die besondere Pflege ihres Kopfputzes. In die aufwendige Frisur mit den unzähligen Zöpfen werden Ocker und Ziegenfett eingerieben – ein weiterer Tribut an den Lebenssaft Blut und die animalische Lebenswelt, denn die Massai leben in enger Symbiose mit ihren Tieren. Die Haartracht erinnert an eine Mähne, aus der nach unten hin Hörner abstehen. Die Zopffrisur ist so schwierig zu flechten, daß sie nur zu zweit zufriedenstellend gelingt. Um sie zu erhalten, schlafen die Krieger auf einer Kopfstütze aus Holz.

Links *Ziel des kollektiven Tanzes der jungen Samburu auf dem Loroki-Plateau ist es, den Zusammenhalt der Gruppe zu festigen. Eine Stammesgesellschaft, die sich – wie die der Samburu – auf Viehzucht gründet (wobei der Vater das Erbe auf den Sohn überträgt), neigt dazu, sich in viele kleine und verstreut lebende Familieneinheiten aufzuspalten.*
Rechts *Der kahlgeschorene Kopf und der besondere Schmuck dieser Massai-Frau zeigen ihren Ehestatus an.*

S. 44/45 *Die Landschaft im Norden von Kenia, in der viele ethnologisch und anthropologisch hochinteressante Hirtenstämme leben (Samburu, Turkana, Rendille, Gabbra, Borana, El Molo, Ndorobo, Pokot und andere), ist geprägt von zahlreichen Akazien- und Dornensträuchern, die zur spektakulären Schönheit dieses atemberaubenden Sonnenuntergangs beitragen.*

Vom Fischfang lebende Völker an den Seen

Bei den Turkana bezieht sich die Bezeichnung »Älterer« auf sämtliche verheirateten Männer. Da der »Brautpreis«, die Mitgift, die ein Mann für eine Frau zahlen muß, sehr hoch ist, dauert es eine ganze Weile, bis sich die Männer eine Ehefrau »leisten« können.

Oben *Eine Schar Dromedare, von Rendille-Hirten zur Tränke geführt, an den Ufern des Turkana-Sees. Um in dieser lebensfeindlichen Umgebung zu überleben, müssen die Rendille das Gebiet systematisch nach Resourcen absuchen, insbesondere nach Wasser und Weidegras.*

S. 48/49 *Auf dem Baringo-See im Zentrum des Rift Valley verwenden die Njemps-Fischer noch immer Boote aus Schilfrohr, die sie mit schaufelartigen Paddeln vorwärtsbewegen. Es ist ein Anblick, den man auch vor 8000 Jahren auf dem Nil hätte erleben können.*

S. 50/51 *In der Von-Hönel-Bucht am südlichsten Punkt des Turkana-Sees stößt man auf erstarrte Vulkanlava des Abili Agituk, oben rechts erkennt man den Krater Nabuyatem (auf Turkana: »Der Bauch des Elefanten«). Im Hintergrund sind die Anhöhen von South Island zu sehen sowie die Hochebene von Loriu.*

Zwischen Koketterie und Erschöpfung

Links *Die Kalenjin bekannt für ihre jüngsten Erfolge im Langstreckenlauf, leben in der Umgebung des Baringo-Sees und unterteilen sich in verschiedene Gruppen. Eine davon ist der Pokot-Stamm, berühmt für seine aufwendige Haartracht und die Halsketten der Frauen. Die farbliche Monotonie der Savanne könnte ein Auslöser für dieses Feuerwerk der Farben gewesen sein. Beim Stillen sind die Babies ständig mit den Perlen in Kontakt: In einer solch kargen Umgebung geraten die Ketten der Mutter zu einer wichtigen Stimulanz und sind unabkömmlich für die Entwicklung der kindlichen Wahrnehmung.*

Rechts *Auch die Turkana verzichten trotz der kargen und feindlichen Lebenswelt der Halbwüste nicht auf kosmetische Schönheitsmittel. Dazu sind es Perlen, Ohrgehänge oder ein Paar Straußenfedern, die sich Frauen und Männer gleichsam anmutig ins Haar stecken.*

S. 54/55 *Eine Gruppe Gabbra durchquert das südliche Kenia entlang der ausgetretenen Pfade der Chalbi-Wüste und zieht am Turkana-See vorbei. Dieser Stamm äthiopischen Ursprungs und moslemischen Glaubens nomadisiert von einem Weideort zum nächsten. Jedes der Dromedare trägt auf seinem Höcker das »Haus« einer Familie. Sobald die Gabbra Halt machen, bilden die gebogenen Stangen eine Halbkugel, die sich innerhalb kürzester Zeit (mit Fellen und Matten bedeckt) in eine Art Zelthütte verwandeln läßt. Der restliche Hausrat befindet sich in Körben. Der Aufbau der Hütte obliegt den Frauen.*

Arabische Seefahrer entdeckten einst die Küste Kenias. Sie errichteten dort Handelszentren und führten südländische und orientalische Waren ins Landesinnere ein – im Tausch gegen Sklaven, Elfenbein, Gold und was der schwarze Kontinent außerdem noch an Schätzen zu bieten hatte. Die Insel Lamu war einer dieser Handelsstützpunkte. Es bildete sich eine arabisch-moslemische Bevölkerung heraus, die bis heute ihre charakteristischen Züge bewahrt hat. Aus dem Kontakt zwischen islamischen Händlern und der ursprünglichen Bantubevölkerung sind ein unverwechselbarer Körperwuchs und eine reiche Kultur hervorgegangen: die Swahili (arabisch: »Jene von der Küste«).

S. 58/59 *Es gibt auch ein modernes und unternehmerisches Kenia. Die*

großen Hochebenen sind in Großgrundbesitze mit monokulturell bewirtschaftetem Boden (wie diese Teefelder bei Kericho) umgewandelt worden. In dem Städtchen gibt es noch heute das alte »Tea Hotel«, dessen großer steinerner Kamin schon von weitem Vorfreude auf eine heiße Tasse Tee in Gesellschaft der Farmer weckt.

Der Schnee Gottes

Zu Beginn des Pleistozän vor vier Millionen Jahren wurden die Erdmassen, die heute das zentrale Kenia ausmachen, von einem heftigen Erdbeben erschüttert, dem eine Million Jahre später ein weiteres folgte. So entstand der riesige Vulkan, der Mount Kenya, dessen Gipfel eine Höhe von 5199 Metern erreicht.

S. 62/63 *Beim Anstieg zum Gipfel des Mount Kenya trifft man auf die Bergland-Wasserfälle. Die fortdauernde Eisschmelze nährt zahlreiche Wasserläufe, die über die Jahrtausende die tote Lava in einen Nährboden verwandelt haben, auf dem zwischen den Basaltmassen eine reiche Vegetation gedeiht.*

S. 64/65 *Graf Teleki, der diesem kleinen Tal seinen Namen gegeben hat, war einer der ersten Naturforscher, der die Besteigung des Mount Kenya unternommen hat. Dabei stieß er auf kleine Wälder von Senecio kenyodendron (siehe Abbildung), die bis zu neun Metern hoch werden können.*

Obwohl sie auf völlig anderen Breitengraden liegen, weisen die Berge Kenias mit ihren ewigen Gletschern, Schneefeldern, schwindelerregenden Spitzen, der Kälte und dem Wind verblüffende Ähnlichkeiten mit den Alpen auf.
S. 68/69 *Die Schneefelder des Kilimandscharo überziehen das ganze Jahr den Vulkankegel mit einer weißen Haube.*

DAS MODERNE KENIA

Kenia hat viele Gesichter: Es kann ursprünglich und unberührt erscheinen (oben links), es kann eine Atmosphäre von Urlaubs- und Ferienstimmung verbreiten wie am Strand von Nyali in der Nähe von Mombasa (rechts), und es kann sich modern und chaotisch präsentieren wie in Nairobi.

Nairobi, das Herz Kenias

Das Zentrum Nairobis erinnert zugleich an Manhattan (Bild oben links) und Harlem (Bild unten links). Die strategische Position der Hauptstadt von Kenia, einst eine Eisenbahnstation und Anschlußort auf halber Strecke zwischen Mombasa und Entebbe in Uganda, hat dazu beigetragen, daß Nairobi zum Zentrum

Ostafrikas geworden ist, von dem der gesamte Handelsverkehr und die diplomatischen Geschäfte ausgehen. Die stolzen Soldaten des einheimischen Militärs marschieren die Hauptstraße der Stadt, die Kenyatta Avenue, entlang und erinnern an die einstige imperiale Bedeutung Kenias.
S. 74/75 *Nairobi ist berühmt für seine Parks und Gärten. Sie wurden nach dem Vorbild der traditionellen Englischen Gärten angelegt und liegen mit dem amerikanischen Modernismus im Widerstreit, der das Einkaufszentrum der Stadt mehr und mehr dominiert. Im Zentrum fällt der Kenyatta Tower mit dem sich drehenden Restaurant in der Spitze ins Auge. Von hier oben aus hat man die beste Aussicht auf die Stadt.*

THIS IS TO THE MEMORY OF
THE NATIVE AFRICAN TROOPS
WHO FOUGHT: TO THE CARRIERS
WHO WERE THE FEET AND HANDS
OF THE ARMY: AND TO ALL OTHER
MEN WHO SERVED AND DIED
FOR THEIR KING AND COUNTRY
IN EASTERN AFRICA

HOTEL
INTER·CONTINENTAL
NAIROBI

NONE TO BE WORSHIPPED BUT AL
MOHAMMAD IS HIS PROPHET

Nairobi ist eine multikulturelle Stadt, in der viele Religionen vertreten sind. Einen hohen Stellenwert nimmt, trotz der Mehrheit der christlichen und animistischen Glaubensanhänger, die islamische Gemeinde arabischen und pakistanischen Ursprungs ein. Die Moschee neben der britischen Nationalbibliothek ist ein imposanter Bau, errichtet von den wohlhabenden Geschäftsleuten der Stadt.

Küstenstadt und Korallen

Unten *Die Küste des Indischen Ozeans zwischen Mombasa und Lamu bot Seeleuten nach den rauhen und kargen Küsten des Roten Meers und Somalias günstige Anlegestellen und die Möglichkeit, die Vorräte auf-*

zufüllen. Die Einwohner der Gegend waren zudem friedliebend, so daß sich die Küste als idealer strategischer Standort für den Handel anbot. Das Fort Jesus in Mombasa wurde gegen Ende des 16. Jahrhundert von den Portugiesen zum Schutz der Händler gegen Angriffe türkischer Schiffe errichtet.

Rechts *Die Stadt Gedi im Süden von Malindi ist heute unbewohnt und verfallen. Sie ist eine von vielen Küstenstädten, die, einst blühend und von wirtschaftlicher Bedeutung, plötzlich verwaisten. Zwei Gründe werden dafür in Betracht gezogen – einmal, daß die Konkurrenz durch eine nahegelegene Stadt zu groß wurde, oder wahrscheinlicher, daß die Wasserquellen erschöpft waren.*

Mombasa – orientalisches Leben

Das Regierungsgebäude mit seinen riesigen Elefantenstoßzähnen am Stadtrand von Mombasa erinnert daran, daß man in Afrika ist. Ansonsten wähnt man sich in Arabien: Die kosmopolitische und äußerst bunte Stadt mit ihrem wichtigen Hafen verliert sich am Ende dieser Straße in einem Labyrinth aus Gäßchen mit orientalischen Ornamenten und Gerüchen.

Der Hafen von Mombasa war einst das erste Ziel der indopakistanischen Immigranten. Später eröffnete das britische Imperium sich und seinen Untertanen aus dem indischen Subkontinent über Mombasa die Tore nach Kenia. Ziel der Briten war es, qualifizierte Arbeiter für den Eisenbahnbau und mittlere Führungskräfte für die Verwaltung der Kolonien zu besitzen. Die islamischen und indischen Tempel sind heute Ausdruck einer überaus wohlhabenden bürgerlichen Schicht, die weitgehend den Handel und die Geschäfte in der Hand haben.

Paradiese im Ozean

Die Küsten des Indischen Ozeans sind wahrhaft paradiesisch. Die Farbenpracht zwischen Diani Beach (links) und den Korallenlagunen in der Nähe von Malindi (rechts) ist ein Erlebnis für die Sinne – schneeweiße Sandstrände und ein in tausend Tönen schillerndes Meer. Dabei war diese Gegend nur eine öde Landzunge zwischen dem Meer, das Seeleute und die Nyika befuhren, und dem geheimnisvoll und gefährlichen Hinterland, von dem aus die Straße in den schwarzen Kontinent ihren Anfang nimmt. Heute ist die Küste fest in touristischer Hand.

S. 84/85 *Die Stadt Malindi, auf halbem Weg zwischen dem Hafen von Mombasa und dem unfruchtbaren Küstenstreifen Somalias, ist heute eines der berühmtesten Touristenzentren. Betrachtet man die gedrängten Bungalows mit ihren Pools entlang der Küste, fällt es schwer zu glauben, daß Vasco da Gama auf seiner Reise, die ihn den Wasserweg nach Indien entdecken ließ, ausgerechnet von hier aus in See stach. Doch von Malindi lassen sich die Passatwinde ideal nutzen, die hier (entsprechend der Jahreszeiten) von und in Richtung Indien wehen.*

Inselstadt

Das Luftbild der Inselstadt Lamu an der Grenze zu Somalia versetzt den Betrachter einige Jahrhunderte zurück. Der Ozean im Hintergrund scheint ewig weit weg zu sein, doch ist die Ausfahrt ins offene Meer durch einen von Mangroven gesäumten Hafenkanal sichergestellt. Die schnurgeraden Gäßchen sind dem Stil moderner indischer Architektur nachempfunden und bewahren die dezente Zurückhaltung der bürgerlichen orientalischen Kultur. Ein Besuch Lamus ist ein Muß, will man die Beziehungen zwischen Schwarzafrika und der islamischen Welt verstehen.

DER ZAUBER DER SAVANNE

Der Gepard gilt seiner Schnelligkeit, Eleganz und Schönheit wegen als der »Ferrari« unter den Raubtieren der Savanne. In Wirklichkeit ist er jedoch ein wenig erfolgreicher Jäger. Ein großer Teil seiner Jagden durch die Steppe führt zu nichts. Ist es ihm doch gelungen, eine ordentliche Beute zu erlegen, rast sein Herz so sehr, daß er sich beinahe 20 Minuten lang nicht rühren kann, ehe er wieder zu Atem kommt. Diese Zeitspanne nutzen häufig Löwen, Hyänen und Schakale, um ihm den Fang abspenstig zu machen.

Links *Der Strauß bewegt sich so anmutig wie kaum ein anderes Tier in der Savanne. Der männliche Vogel hat ein weiß-schwarzes Federkleid, das Gefieder des Weibchens hingegen ist braun.*

Unten *Der Sattelstorch (im Bild oben) wird eineinhalb Meter hoch. Er ist in Kenia selten zu finden, da er es nur überquert. Den Webervogel (im Bild unten) erkennt man an seinem goldgelben Gefider. Er ist im westlichen Kenia in großen Schwärmen anzutreffen und baut sein kunstvolles Nest aus Halmen und Stengeln in einer Technik, die seinem Namen alle Ehre macht.*

S. 92/93 *Eine besondere Giraffenart durchquert die Steppen der Massai nahe des Nationalparks Massai Mara an der Grenze zu Tansania. Sie ist an den blattähnlichen Flecken zu erkennen und wird »Massai-Giraffe« genannt. Aufgabe der Tiere scheint es zu sein, die dornigen Akazienbüsche zu formen, deren Blätter sie dank der besonderen Beschaffenheit ihrer Zunge fressen können (rechts); die langen Wimpern haben ebenfalls die Funktion, vor Dornen zu schützen.*

Die Herren der Savanne

In der Vorstellung vieler Afrikareisenden ist der Löwe immer noch »König des Dschungels«, auch wenn sein eigentlicher Lebensraum die offene Savanne und das Buschland sind (s. Hintergrund im Bild links). Das Männchen ist für seine dichte Mähne sprichwörtlich geworden. Seine majestätische Ausstrahlung verdankt es jedoch eher seiner Schönheit als seinem eigentlichen Wesen: Das Gnu, das der Löwe im Bild rechts oben mit sich schleift, ist mit ziemlicher Wahrscheinlichkeit von einem Löwenweibchen erlegt worden.

In der Welt der Löwen sorgen die Weibchen fast zu hundert Prozent für die tägliche Nahrungsbeschaffung. Trotz der Beutefülle in der Savanne (im Massai Mara Nationalpark leben Millionen von grasfressenden Tieren, die groß genug sind, um den stattlichen Appetit der Löwen zu stillen) verläuft die Beutejagd des Löwen oder der Löwin, wenn sie im Alleingang jagen, nur selten erfolgreich. In der Gruppe haben sie deutlich mehr Chancen, daher gelingt es auch den untereinander weniger konkurrierenden Weibchen, gemeinsam das gesamte Rudel zu ernähren. Häufig erbeuten sie Antilopen von bis zu 150 Kilogramm.

Eine Löwin, der es endlich gelungen ist, ihre Zähne in ein Zebra zu schlagen (links), läßt sich nicht so schnell ihres Fangs berauben, auch wenn ihr Konkurrenz von einem ihrer Jungen droht (rechts). Löwenmutter zu sein, ist nicht einfach, denn die Jungen schweben in der Gefahr, von den Löwenmännchen gefressen zu werden. Verschiedene Studien haben gezeigt, daß es bei Ankunft eines neuen Männchens im Rudel (und der daraus resultierenden Tötung der Jungen durch die anderen Männchen) den Löwinnen gelingt, den Eisprung eine Zeitlang zu verhindern. Erst wenn sich das neue Männchen als würdiger und erfolgreicher Beschützer des weiblichen Rudels erweist, nehmen die Weibchen die Bürde einer energiezehrenden Trächtigkeit wieder auf sich.

S. 100/101 *Tüpfelhyänen sind hervorragende Teamjäger. 70 Prozent ihrer Angriffe im Rudel führen zum Erfolg. Und auch als Aasfresser kommen sie auf ihre Kosten. Verhaltensforscher haben sich lange vom Anblick eines Löwens, der im Begriff ist, seine angebliche Beute vor einer Schar Hyänen zu verschlingen, täuschen lassen und geglaubt, daß die Hyänen die Schmarotzer seien. Dabei ist es zumeist der Löwe, der von dem Heulen der Hyänen nach Erlegung der Beute angelockt wird.*

Panther sind die scheuesten Raubtiere der Savanne. Der Panther ist ein Einzelgänger, der sich am liebsten in Felsen und dichten Baumkronen aufhält. Sein geflecktes Fell macht ihn in dieser Umgebung nahezu unsichtbar. Er frißt alles und legt sich in Baumwipfeln Vorräte für schlechte Zeiten an, die in der Savanne, obwohl es doch hier Fleisch in Hülle und Fülle gibt, häufiger sind als man glaubt.

Links *Obwohl der Kronenkranich das Symbol Ugandas ist, ist er auch in Kenia weit verbreitet. Er ist ein selten schöner, aber auch aggressiver Vogel: Um den Weibchen zu imponieren, arten seine Balztänze häufig in ernste Kämpfe mit Rivalen aus.*

Oben *Der Riesenreiher kann mehr als eineinhalb Meter hoch werden und ist das Prachtstück der in den Feuchtgebieten beheimateten Vogelfamilie. Abgesehen von seiner Größe fasziniert er durch sein farbenprächtiges Gefieder, das in der eintönigen Landschaft weithin sichtbar ist.*

Zunächst scheint der Amboseli Park eine Halbwüste zu sein, in der nur Gazellen und Antilopen überleben können, die sich von dem trockenen Steppengras ernähren. In den wenigen Feuchtgebieten zwischen dem Schilfrohr der Sümpfe (die in der Trockenzeit versanden) spielt sich jedoch noch viel mehr Leben ab: Eine Thompson-Gazelle mit ihrem stattlichen Gewicht von etwa zwanzig Kilo wird gerade von einer Python, der größten Schlange Afrikas, verschlungen – ein mehr als dramatisches Bild.

Ein männliches Chamäleon versucht einem Weibchen zu imponieren, indem es seine Hörner zur Schau stellt. Die Fähigkeit des Chamäleons, die Farbe seiner Umgebung anzunehmen, zeigt sich an der verschiedenen Färbung dieser beiden Tiere: Das im Licht sitzende Männchen ist leuchtend grün, das Weibchen im Schatten dagegen wesentlich dunkler. Diese Überlebensstrategie bildeten vor Millionen von Jahren die Dinosaurier heraus, deren Abkömmlinge Chamäleons in vieler Hinsicht sind.

Obwohl die Gesetze in Kenia sehr streng sind, haben Wilddiebe die Elefantenpopulation innerhalb weniger Jahrzehnte nahezu ausgerottet. Um sie zu schützen, hat man die Elefanten in die Nationalparks »verbannt«. Diese künstliche Situation hat jedoch zu einer Ausbreitung geführt, der die Parks nicht gewachsen sind. Ein Elefant, auch wenn er klein und niedlich ist (links), zermahlt im Laufe seines Lebens etliche Tonnen von Blattwerk und spart auch die Baumrinde nicht aus, mit der er sich die Parasiten vom Rücken schabt. Zudem ist der Elefant anderen Tieren gegenüber nicht gerade tolerant, die er – wie rechts den Pavian – gnadenlos aus seinen Territorien verjagt.

S. 110/111 *Die Sonne glüht über dem Amboseli Park: Die Büffel (rechts) weiden das Kurzgras und die Sprossen ab, während die Elefantenkuh (links) zwei Elefantenkälber zum Weideort ins Buschland führt. Diese Aktivitäten locken Insekten herbei, die den äußerst wachsamen Reihern zur Beute werden, welche so im Gegenzug die Büffel und Elefanten von den lästigen Parasiten befreien.*

Unten *Der Kaffernbüffel gilt, obwohl er wie ein »Rindvieh« aussieht, als das gefährlichste Tier in der Savanne. Er wird bis zu einer Tonne schwer und ist in der Lage, einen Jäger durch das Elefantengras hindurch lautlos einzukreisen oder einen Angreifer durch Finten und Manöver zu täuschen.*

Rechts *Ein weiterer »Halbstarker« der Savanne ist das Schwarze Nashorn. Die Bezeichnungen schwarz und weiß sind willkürlich, denn die beiden Spezies haben im Grunde die gleiche Farbe. Sehr unterschiedlich ist hingegen das Gewicht: Das Schwarze Nashorn wiegt »nur« eineinhalb Tonnen, das Weiße Nashorn hingegen mehr als das Doppelte. Letzteres grast friedlich die Kurzgrassteppe ab und benutzt dazu seine rechteckige Lippe wie eine Sense; das Schwarze Rhinozerus ernährt sich hingegen von jungen Zweigen und Knospen.*

S. 114/115 *Die Schwarzfersenantilope ist eines der faszinierendsten Tiere der Savanne – sie vereint Kraft, Beweglichkeit und Schönheit. Nur die männlichen Tiere haben Hörner, dies scheint eine Einrichtung der Natur zu sein, die für alle in Wäldern und Strauchwerk lebenden Hirscharten zu gelten scheint.*

Unten links *Meerkatzen findet man überall dort in Kenia, wo es Bäume oder sonst etwas zu fressen gibt. Sie leben in großen Rudeln und pflegen untereinander eine entwickelte Kommunikation.*
Unten rechts *Einer der Primaten, der sich am besten an das Leben in der Savanne angepaßt hat, ist, neben dem Menschen, ohne Zweifel der Pavian. Um sich vor Raubtieren zu schützen, haben die Affenrudel eine strenge Hierarchie herausgebildet: Die jungen Männchen werden vorgeschickt, das Territorium zu erkunden, während die Anführer die Weibchen beschützen und die Jungen in der Mitte der Truppe marschieren.*
Rechts *Termitenhügel sind ein guter Platz für den Ausblick. Die typische Neugier der Primaten sowie die Fähigkeit, farbig und mit beiden Augen zu sehen, machen den Pavian zu einem hervorragenden Wächter über das restliche Rudel, das mit dem Verspeisen von Wurzeln und Insekten beschäftigt ist.*
S. 118/119 *Die Zebraarten Kenias sind (im Gegensatz zu den südafrikanischen) rein schwarz-weiß, ohne braunen Zwischenstreifen. Die Streifenzeichnung hat in erster Linie mimetische Funktion, doch vermuten Biologen, daß sie auch als Körperthermostat dienen (das Schwarz zieht Wärme an, das Weiß wehrt sie ab).*

Ein schwimmender Koloß

Nilpferde scheinen eine von der Evolution benachteiligte Spezies zu sein. Doch in Wahrheit sind sie ideal gebaut für ihre Lebenswelt, das Wasser. Wenn ein Nilpferd zu lang im Trockenen ist, trocknet seine Haut aus und produziert ein rötliches Sekret, das die Verhaltensforscher häufig zu dem Ausspruch bewegt hat, daß das Nilpferd »Blut schwitze« (links). Dazu verbannt, seine Tage im Wasser zu verbringen, geht das Nilpferd nur nachts an Land: Hier ernährt es sich von Gräsern, die es mit seinen starken Zähnen und dem Horn aus Elfenbein abreißt. Als Grasfresser genießt es einen friedlichen Ruf. Sein Territorium verteidigt es allerdings heftig. Der Anblick eines durch ein Nilpferd in zwei Teile zerrissenen Krokodiles ist gar nicht so selten: Das Nilpferd ist, kaum zu glauben, für die meisten Unfälle von Menschen und Tieren in Afrika verantwortlich.

Das Gnu lebt in riesigen Herden mit Hunderttausenden von Tieren. Wegen der Angewohnheit der Männchen, wilde Tänze begleitet von merkwürdigem Grunzen aufzuführen, gilt es als der Clown der Savanne. Das Gnu scheint aus den Überresten der Schöpfung zusammengeschustert worden zu sein: ein Rinderkopf auf dem Körper eines Pferdes, dazu eine Pferdemähne und ein Pferdeschwanz. Die Gnuherden treten zu Beginn der Regenzeit von den Grenzen des Massai Mara Parks eine Wanderung an, die sie nach Tansania führt. Auf ihrer Route treffen sie auf den Marafluß, der jetzt reichlich Wasser führt. Unzählige Tiere ertrinken daher jedes Jahr oder werden beim Durchqueren der schlammigen Fluten zertrampelt. Der Zug der Gnu wird von Tausenden von Raubtieren sehnsüchtig erwartet. Löwen, Krokodile, Hyänen und Geier feiern dann ein Festmahl.

Ein Vogelparadies

Oben und rechts *Zwergflamingos verdanken ihr rosa Gefieder der chemischen Zusammensetzung der Algen, von denen sie sich ernähren. Haben die Flamingos ein fast weißes Gefieder, ist dies ein Indiz, daß sie nicht die richtige Nahrung finden. Da die idealen Algensorten nur in alkalischem Wasser wachsen, sind die Flamingos in den Vulkanseen des großen Grabenbruchs besonders in ihrem Element. Die Wasseroberfläche der Seen schillert der Algen wegen manchmal jadegrün (rechts)*

Unten *Die Fangstrategie des Fischadlers ist einfach, aber genial: In der Nähe der Flamingokolonien postiert, wartet er darauf, daß die Schreie der vielen Vögel die Fische aufstören und stößt dann zu.*

S. 126/127 *Die Zwergflamingos leben in großen Schwärmen. Im Bogoria-See (Bild) sowie in dem nahegelegenen Nakuru- und Baringo-See suchen die Flamingos ihre Nahrung, Paarung und Nestbau finden jedoch an den salzigen und öden Ufern des Natron-Sees in Tansania statt.*

S. 128 *Der Sonnenuntergang überrascht eine Elefantenherde an den stillen Ufern eines Flusses; im Hintergrund erheben sich die gewaltigen Hochebenen Kenias.*

Die Deutsche Bibliothek - CIP-Einheitsaufnahme

Reise durch Kenia / Roger Rössing.
Würzburg : Stürtz, 1996
ISBN 3-8003-0717-0
NE: Rössing, Roger; EST

Gestaltung: Patrizia Balocco
Schutzumschlag: Helmut Selle
Übersetzung (Bildunterschriften): Simone Mudra, Köln

ISBN 3-8003-0717-0

BILDNACHWEIS

Marcello Bertinetti/Archivio White Star: S. 28, 31, 70 unten, 72 unten. Stefano Ardito: S. 66, 67, 108. Henry Auslos/Panda Photo: S. 41. Sean Avery/Seaphot Limited/Planet Earth Pictures: S. 54/55. Alan Binks/Antony Bannister Library: S. 26/27, 78. Roberto Caputo/AURORA/Grazia Neri: S. 58/59, 72 oben, 86/87. Nino Cirani: S. 29, 76/77. Clerico/Overseas: S. 50/51. Marco Cristofori/SIE: S. 20/21. Geral Cubitt/Bruce Coleman: S. 53, 71. Peter Davey/Bruce Coleman: S. 48/49. Roger de la Harpe/Photo Bank: S. 114/115. M. & C. Denis Hout/Bios/Panda Photo: Schutzumschlag hinten, S. 6/7, 16/17, 68/69, 96, 97, 102, 103, 105, 112, 116 unten, 117, 118/119, 121. N. J. Dennis/Panda Photo: S. 91 oben, 105. Dolder/Overseas: S. 46. Nevio Doz/Overseas: S. 8, 33. Jown Downer/Planet Earth: S. 30, 125. Jeff Foott Productions/Bruce Coleman: S. 39. Christie Frederiksson/Bruce Coleman: S. 38, 44/45, 52. Giuliani/Focus Team: S. 47. Grandadam/Granata Press Service: S. 9. Stephan J. Krasemann/Bruce Coleman: S. 34/35. Luiz Claudio Marigo/Bruce Coleman: S. 79. Ugo Monetti: S. 1. Sergio Montanari: S. 122. Tonino Mosconi: S. 70 oben, 84/85, 116 oben. S. Paderno/SIE: S. 22/23, 82. A. Petretti/Panda Photo: S. 124. Photo Bank Singapore: Schutzumschlag vorne, S. 4/5, 40, 42, 43, 56, 57, 83, 92—93, 109, 128. Jonathan Scott/Sea Phot Limited/Planet Earth Pictures: S. 6/7. Angelo Tondini/Focus Team: S. 32, 80, 81. Günter Ziesler: 2/3, 12/13, 14/15, 18/19, 24/25, 36, 37, 60, 61, 62/63, 64/65, 73, 74/75, 89, 90, 91 unten, 94, 95, 98, 99, 100/101, 104, 106, 107, 110/111, 113, 123, 126/127.